JOHANNES XXIII.

Güte
ist unbesiegbar

Worte zum Leben

HERDER
FREIBURG · BASEL · WIEN

Textquellen

Die Zehn Regeln der Gelassenheit: Übersetzung der italienischen Fassung aus einer Homilie von Kardinal Tarcisio Bertone vom 11. Oktober 2006 (www.vatican.va)
Aus Briefen und Aufzeichnungen: Aus: Johannes XXIII.: Weisheit eines weiten Herzens. Zur Seligsprechung des Papstes am 3. September 2000 herausgegeben von Maria Otto und Franz Johna, Verlag Herder Freiburg 2000.
Aus päpstlichen Dokumenten: www.vatican.va

Abbildungsquellen

Umschlagfoto: © KNA-Bild
Innenteil: 2/3 © iStock, 8 © markusspiske/photocase.com, 10/11 © Mr. Nico/photocase.com, 13 © melrose/photocase.com, 15 © fotoline/photocase.com, 16 © HerrSpecht/photocase.com, 18 © Mario Savoia/shutterstock, 20/22 © manun/photocase.com, 25 © Flügelfrei/photocase.com, 27 © iStock, 31 © slecnep/photocase.com, 40/41 © DanielSchoenen/photocase.com, 42 © GoodwinDan/photocase.com, 46 © jensson/photocase.com, 49 © jcerx/photocase.com, 50 © thomasfuer/photocase.com, 53 © kesipun/shutterstock, 54 © totophotos/shutterstock, 62/63 © Anneka/shutterstock; © Stefan Weigand (28, 33, 34, 37, 39, 45, 58, 60)

Textauswahl: Burkhard Menke
Bildredaktion: Stefan Weigand
Innengestaltung: Wunderlich & Weigand
Umschlaggestaltung: Agentur IDee
Herstellung: Graspo CZ, Zlín
Printed in the Czech Republic

ISBN 978-3-451-32633-2

»Ich bin Josef, euer Bruder« – so stellte sich Angelo Giuseppe Roncalli als neugewählter Papst Johannes XXIII. der Weltöffentlichkeit vor. Schon bald merkten die Menschen, dass das nicht nur dahingesagt war. Frömmigkeit, Bodenständigkeit und Güte verbanden sich bei ihm in einzigartiger Weise. Viele Anekdoten erzählen davon. »Il Papa buono – der gute Papst« nannte man ihn bald.

1881 in einer armen Landpächterfamilie in Norditalien geboren und mit einem Dutzend Geschwistern aufgewachsen, vergaß er nie seine Wurzeln. Die bescheidenen Lebensverhältnisse und die Erfahrung, dass es am Ende doch immer irgendwie reichte, prägten ihm ein unerschütterliches Grundvertrauen in die göttliche Vorsehung ein, aus dem er zeitlebens Kraft schöpfte. Je geringer die eigenen Mittel waren, umso wichtiger wurden Gelassenheit und Gottvertrauen, die sich auch ausdrückten in Einfachheit, in Mut, in der Wahrnehmung des Guten im anderen, in der Anwendung des gesunden Menschenverstands, in Kreativität und Initiative.

Als Priester war er zunächst Sekretär seines Bischofs und Dozent im Diözesanseminar von Bergamo. Im Ersten Weltkrieg diente er als Sanitätssoldat und Militärseelsorger. 1925 begann, verbunden mit der Bischofsweihe, seine Laufbahn im diplomatischen Dienst des Vatikans – zunächst zehn Jahre in Bulgarien, dann neun Jahre in Griechenland und der Türkei mit Dienstsitz Istanbul, anschließend ab Ende 1944 acht Jahre als Nuntius im befreiten Frankreich. 1953 wurde er zum Patriarchen von Venedig ernannt und zum Kardinal erhoben, schließlich am 28. Oktober 1958 zum Papst gewählt.

Die Begegnungen mit anderen Kulturen und demütigende Erfahrungen mit der römischen Kurie während seiner Bischofsjahre mögen dazu beigetragen haben, dass er schon bald nach seiner Wahl das Zweite Vatikanische Konzil ankündigte für ein »Aggiornamento«, d. h. zur Erneuerung und Verheutigung der Kirche. Im Oktober 1962 eröffnete er das Konzil, dessen wegweisende Ergebnisse er nicht mehr erleben sollte.

Am 3. Juni 1963 starb er an Krebs. Im Jahr 2000 hat Papst Johannes Paul II. ihn seliggesprochen.

Stefan Weigand, Burkhard Menke

»Nur für heute«

Die Zehn Regeln der Gelassenheit

Nur für heute werde ich versuchen, im guten Sinn für diesen Tag zu leben, ohne alle Probleme meines Lebens auf einmal lösen zu wollen.

Nur für heute werde ich größte Sorgfalt auf mein Auftreten legen: mich zurückhaltend kleiden, nicht laut werden, höflich sein im Umgang; ich werde niemanden kritisieren, verbessern oder zurechtweisen – außer mich selbst.

Nur für heute werde ich glücklich sein in der Gewissheit, dass ich ins Leben gerufen wurde, um glücklich zu sein – nicht nur in der anderen Welt, sondern auch in dieser.

Nur für heute werde ich mich den Umständen anpassen, ohne zu erwarten, dass alle Umstände sich nach meinen Wünschen richten.

Nur für heute werde ich zehn Minuten meiner Zeit einer guten Lektüre widmen; denn wie Nahrung notwendig ist für das Leben des Leibes, so ist gute Lektüre notwendig für das Leben der Seele.

Nur für heute werde ich eine gute Tat tun und niemandem davon erzählen.

Nur für heute werde ich wenigstens eine einzige Sache tun, zu der ich mich überwinden muss; wenn meine Gefühle dabei verletzt werden, so werde ich es niemanden merken lassen.

Nur für heute werde ich mir einen genauen Plan machen; auch wenn ich ihn dann vielleicht nicht Wort für Wort befolge, werde ich ihn aufstellen – und ich werde mich vor zwei Übeln in Acht nehmen: vor Hektik und vor Unentschlossenheit.

Nur für heute werde ich mich darauf verlassen, auch allem anderen Anschein zum Trotz, dass die gütige Vorsehung Gottes sich meiner annimmt, als gäbe es sonst niemanden auf der Welt.

Nur für heute werde ich keine Angst haben. Insbesondere werde ich keine Angst davor haben, mich an allem Schönen zu freuen und an das Gute zu glauben. Auch wenn mich der Gedanke, es mein Leben lang so machen zu müssen, bestürzen würde, so kann ich es doch gewiss tun für zwölf Stunden.

Die Welt ist groß: Es gibt unzählige Wege, dem Herrn zu dienen. Es gibt auch einen für dich.

AUS EINEM BRIEF AN DEN NEFFEN BATTISTA, 4.8.1945

Aus Briefen und Aufzeichnungen

Das Vertrauen auf Gott und die Großmut des Herzens werden dein Schutz und deine Rettung sein. Der Herr ist nicht mit den Furchtsamen, sondern mit denen, die sich anstrengen, geduldig und großmütig zu sein.

AUS EINEM BRIEF AN DEN BRUDER SAVERIO, 10.7.1917

Bei den guten Werken darf man nicht auf die Kleinigkeiten schauen, auf Fehler und Irrtümer, die hier und dort vorkommen können. Wir sind alle fehlerhaft. Sich gegenseitig in der Stille und mit Liebe zu verzeihen, gibt den Werken des Herrn mehr Schwung, schenkt Trost und Frieden.

AUS EINEM BRIEF AN DIE SCHWESTERN ANCILLA UND MARIA, 28.4.1943

Die Welt braucht so viel Frieden, und der Herr wird ihn uns in dem Maß gewähren, wie wir uns anstrengen, den guten Frieden unter uns zu fördern.

AUS EINEM BRIEF AN DIE SCHWESTERN ANCILLA UND MARIA, 12.2.1940

Man muss mit allem fertig werden, auch wenn es einmal hart oder kalt zugeht. »Das schöne Gefäß kommt zustande zwischen Amboss und Hammer«, sang Jacopone da Todi. Es macht nicht einmal Spaß, das Gute ohne Schwierigkeit zu tun. Möge dir der Herr die Gnade der inneren Freude und der guten Einsicht erhalten und auch – wenn du willst – die der Geduld und Milde, die dem Leben wahre Poesie verleiht.

AUS EINEM BRIEF AN DIE NICHTE TERESA, 6.1.1948

Unser Leben hat die Gewissheit guten Gelingens in allem, wenn wir nur mit dem Evangelium vorangehen, das sagt: Geduld, Schlechtes mit Gutem vergelten, verzeihen – und viele Dinge ihren Weg gehen lassen. Wenn man am Ende die Rechnung macht, sieht man, was wirklichen Nutzen bringt. Manchmal wirst du nicht gut behandelt oder man vernachlässigt dich, und du antwortest mit noch größerer Geduld und Güte. Du wirst sehr großen Segen empfangen. »Fröhlich sein, Gutes tun und die Spatzen pfeifen lassen« [Giovanni Bosco]. Das ist die beste Philosophie.

AUS EINEM BRIEF AN DEN BRUDER GIOVANNI, 5.9.1940

Wenn wir bei der Gewissenserforschung auf manches Unvollkommene stoßen, nun gut: Dann verdemütigen wir uns, ohne uns niederdrücken zu lassen, und beginnen von Neuem mit gutem Mut und immer mit Fröhlichkeit.

AUS EINEM BRIEF AN DIE NICHTE GIUSEPPINA, 21.1.1948

Der heilige Franz von Sales gebraucht ein schönes Bild, an das ich … gern denke: »Ich bin wie ein Vogel, der in einem Dornbusch singt.« Das soll auch für mich eine fortwährende Einladung sein. Also wenig reden über das, worunter ich leide. Viel Takt und Nachsicht in der Beurteilung der Menschen und Situationen; besonders für die beten, die mir Leid verursachen; und dann in allem große Güte, grenzenlose Geduld … Wenn nur die Nächstenliebe um jeden Preis siegt, mag man mich gern für einen Tölpel halten.

AUS DEN AUFZEICHNUNGEN WÄHREND EXERZITIEN APRIL/MAI 1930

Bete weiter zum Herrn, aber ohne Sorge und mit großer Ergebung in seinen heiligen Willen! Was du heute säst, scheint zu verkümmern. Verloren ist nichts; zu gegebener Zeit wird es seine Früchte bringen.

AUS EINEM BRIEF AN
DIE SCHWESTER ASSUNTA,
5.8.1936

Die Heiligkeit der Heiligen beruht nicht auf Aufsehen erregenden Taten, sondern auf kleinen Dingen, die in den Augen der Welt als Lappalien erscheinen. In dieser Hinsicht sind mir die ersten 30 Erdenjahre Jesu Christi eine Lehre mit leuchtenden Beispielen.

AUS DEN AUFZEICHNUNGEN WÄHREND EXERZITIEN IM APRIL 1903

Von der Tugend der Heiligen muss ich das Wesentliche und nicht das Zufällige übernehmen. Ich bin nicht der heilige Aloisius und muss mich nicht genau so heiligen, wie er es getan hat, sondern wie es mein anderes Wesen, mein Charakter, meine anderen Lebensbedingungen verlangen. Ich soll nicht die kümmerliche und dürre Reproduktion eines wenn auch noch so vollendeten Bildes sein. Gott will, dass wir dem Beispiel der Heiligen solcherart folgen, dass wir uns das Lebensmark ihrer Tugend zu eigen machen … und unseren besonderen Anlagen und Umständen anpassen.

AUS DEN GEISTLICHEN NOTIZEN, 16.1.1903

Natürlich ist es notwendig, dass wir unsere Gebete heiligen. Die Worte gut auszusprechen ist eine Höflichkeit dem Herrn gegenüber. Wir sollten nicht darunter leiden, wenn wir dabei zerstreut sind. Das Gebet ist Erhebung des Geistes zu Gott, daran müssen wir festhalten. Die Worte haben weniger Bedeutung. Auch eine gute Mutter ist zerstreut, wenn sie im Haus hierhin und dorthin läuft …, auch ein wenig schwätzt; aber ihr Herz ist immer bei ihrem Kind …

AUS EINEM BRIEF AN DIE NICHTE GIUSEPPINA, 3.10.1948

Man sollte bedenken, dass der Herr im Urteilen nachsichtiger ist als wir.

AUS EINEM BRIEF AN DIE SCHWESTER ASSUNTA, 28.3.1941

Der heilige Augustinus sagt, die Erkenntnis unserer Fehler sei etwas Besseres als die Erkenntnis der Wunder des Weltalls. Sie hat jedoch nicht den Zweck, uns zu entmutigen, sondern einfach uns demütig zu machen und liebenswürdig mit allen. Wenn wir unsere eigenen Fehler und die der anderen ertragen, sind wir schon ein gutes Stück vorangekommen.

AUS EINEM BRIEF AN DIE NICHTE GIUSEPPINA, 24.2.1947

Nimm dir nicht zu viel vor. Es genügt die friedliche, ruhige Suche nach dem Guten an jedem Tag, zu jeder Stunde, aber ohne Übertreibung und ohne Ungeduld. Das Wissen um unsere Fehler soll uns zu noch inständigerem Streben dienen und vor allem dazu, nie zu verzweifeln.

AUS EINEM BRIEF AN DIE NICHTE GIUSEPPINA, 13.2.1949

Jetzt bin ich hier, morgen kann ich woanders hingehen. Wir sind immer unter den Augen, ja in den Armen des Herrn. Freuen wir uns darüber! Tun wir aus Liebe all das, was die Vorsehung uns zu tun rät, nichts mit Gewalt, alles auf gute Weise, nichts vorschnell und mit Ungeduld.

AUS EINEM BRIEF AN DIE FAMILIE, 20.12.1932

Der Herr wird denen entgegenkommen, die verstehen, in den Tag hinein zu leben, immer ihre Pflicht tun, mit Ruhe, Würde und Geduld, ohne sich den Kopf heiß zu machen wegen der Dinge, die morgen oder in Zukunft geschehen können.

AUS EINEM BRIEF AN DIE FAMILIE, 30.7.1944

Allen Gutes tun, aber einem jeden die eigene Verantwortung lassen. Und außerdem sich immer in die Haut der anderen hineindenken, auch wenn diese nicht immer in allem recht haben und sich nicht immer vorbildlich benehmen. Das bisschen Erfolg, das ich in meinem Leben gehabt habe, verdanke ich der Hilfe des Herrn, aber auch meinem ständigen Bemühen, die anderen ihrer Schwäche gemäß zu behandeln. Das hat mir geholfen, ihre Stärke zu überwinden.

AUS EINEM BRIEF AN DEN BRUDER SAVERIO, 6.1.1948

An allem die gute Seite sehen und sie weiterverfolgen, indem man alles Übrige beiseite lässt. Sodann gibt es bei den Sachen wie bei den Personen das Gestern, das Heute und das Morgen.

AUS EINEM BRIEF AN DIE MUTTER UND DIE SCHWESTERN, 21.11.1938

Man darf nicht meinen, dass alle Tage heiter sind. Auch die schönsten Tage bringen manchmal Wolken, manchmal Regen, Wind und Unwetter. Aber dann scheint wieder die Sonne, und alles wird auf einmal schöner. Und man versteht den Wechsel der Jahreszeiten wie den Wechsel der Gemütsverfassung. Ob fröhlich oder traurig, unsicher oder entschlossen, fest oder wankelmütig – immer ist man in der Sonne, ungeachtet der Schatten der Laune. Unsere Sonne ist das heiligste Herz, das uns erleuchtet, uns aufmuntert und uns an sich zieht.

AUS EINEM BRIEF AN DIE NICHTE GIUSEPPINA, 15.3.1950

Jeder in seinem eigenen Haus: Gutes sagen, wenn es möglich ist, und lieber nichts, als etwas Böses sagen. So erspart man sich Verdruss, und der Herr gibt seinen Segen.

AUS EINEM BRIEF AN DIE MUTTER UND DIE SCHWESTERN, 21.11.1938

Es genügt, von einem Tag zum anderen zu leben, Arm in Arm mit der Vorsehung zu gehen, ohne ihr vorauseilen zu wollen.

AUS EINEM BRIEF AN DEN NEFFEN BATTISTA, 4.8.1945

Denken wir an das Heute und überlassen wir uns dem Herrn, was den morgigen Tag angeht! Die Vorsehung ist da und wird uns Stunde um Stunde ihre Hilfe zukommen lassen.

AUS EINEM BRIEF AN DEN BRUDER SAVERIO, 21.3.1934

Erzürne dich über niemanden, sondern nimm alles gutmütig, ganz gelassen auf. Bemühe dich, heiter und gütig zu sein.

AUS EINEM BRIEF AN DEN NEFFEN BATTISTA, 4.8.1945

Taktvolle Rücksicht muss ich vor allem im Reden beachten – wenig und gut reden, und noch wichtiger: zu schweigen verstehen, aber ohne Pose, ohne jemanden damit beeindrucken zu wollen; vielmehr allen gegenüber stets heitere Ruhe bewahren, größte Liebenswürdigkeit im Verhalten und in den Worten, so dass niemand gekränkt wird.

AUS DEN AUFZEICHNUNGEN WÄHREND EXERZITIEN IM SEPTEMBER 1907

Eine gute christliche … Übung gegenüber dem Nächsten sind die geistlichen und leiblichen Werke der Barmherzigkeit. Zu den geistlichen zählt als vorletzte: lästige Personen ertragen. Dieses Werk der Barmherzigkeit hat als Gegenstück: niemandem zur Last fallen, vielmehr allen gegenüber liebenswert sein.

AUS EINEM BRIEF AN DEN NEFFEN BATTISTA, 10.11.1948

Du weißt, dass alle ein wenig nachgeben müssen, um zur vollen Eintracht zu gelangen. Wenn es etwas gibt, das niemand bereuen muss, ist es das, auf die eine oder andere Weise zu hochherzig gewesen zu sein.

AUS EINEM BRIEF AN DEN BRUDER GIOVANNI, 10.3.1956

Werde also immer vollkommener in der Übung der Barmherzigkeit, was große Geduld mit dir selbst und mit den anderen erfordert, und du wirst glücklich sein.

AUS EINEM BRIEF AN DIE NICHTE GIUSEPPINA, 14.3.1951

Bemühen wir uns, die Überzeugung zu gewinnen, dass nicht alles, was andere tun, schlecht, und alles, was wir tun, gut ist. Je mehr wir in jedem Fall Demut und Respekt beweisen, wirklich schweigen und die anderen gelten lassen, Geduld haben, umso mehr wird uns der Herr segnen, und wir werden überall und mit allen gut auskommen.

AUS EINEM BRIEF AN DEN BRUDER GIUSEPPE, 12.7.1934

An jedem Tag, der vergeht, musst du dir Mut machen: Du musst dich an die Anstrengung gewöhnen, dich über die guten Erfolge freuen, nach besseren streben; aber all das ohne Aufregung, im Gegenteil, mit viel Ruhe und Gelassenheit des Geistes. Mit der Hilfe des Herrn, die du täglich anrufen musst. Und wenn du täglich einen Schritt vorwärts gehst, kannst du sehr weit kommen.

AUS EINEM BRIEF AN DEN NEFFEN BATTISTA, 22.5.1941

Wir bleiben auf dem alten Weg: von allen gut reden, für das Böse anderer dulden, sich neidlos an ihrem Glück freuen, verzeihen und in allem Geduld üben. Ich bemühe mich, so zu handeln, und bin immer zufrieden.
Sich in das Urteil Gottes einmischen ist immer etwas sehr Gefährliches. Lassen wir ihn machen, der im Übrigen immer gut und barmherzig ist.

AUS EINEM BRIEF AN DEN BRUDER GIOVANNI, 14.5.1930

Die Gnade der Ruhe und Gelassenheit ist besonders notwendig. Mit ihr lassen sich alle Übel in Freude ertragen.

AUS EINEM BRIEF AN DIE SCHWESTERN ANCILLA UND MARIA, 6.11.1939

Ich will mich bemühen, mir über meine Zukunft keine Sorgen zu machen und mich deshalb von keinerlei Gerüchten, so wohlwollend und zutreffend sie auch scheinen, beunruhigen zu lassen. … Ich bin sicher, dass die göttliche Vorsehung es zur gegebenen Zeit – wie in der Vergangenheit – auch in der Zukunft mir nicht an dem Nötigen fehlen lassen wird, und sie wird mir darüber hinaus auch das Angemessene und Überfließende zuteilen.

AUS AUFZEICHNUNGEN WÄHREND EXERZITIEN SEPT./OKT. 1914

Wir alle befinden uns auf Erden wie auf einer Reise. Der eine gelangt früh ans Ziel, der andere spät. Oft muss man umsteigen, den Wagen oder die Gefährten wechseln. Der Abschied fällt schwer. Doch dann segnet der Herr die Reise und macht sie fruchtbar. Entscheidend ist, dass wir alle, früher oder später, das Ziel erreichen.

AUS EINEM BRIEF AN DIE SCHWESTER ANCILLA, 31.1.1926

Wie groß wird die Freude an jenem Tag sein, an dem wir uns im Himmel wiedersehen und keine Fotografien mehr brauchen, da wir uns alle zusammen im Lichte des Herrn ewig sehen!

AUS EINEM BRIEF AN DEN VATER, 7.2.1928

Wir müssen uns mutig und ohne Furcht an das Werk machen, das unsere Zeiten erfordern.

AUS DER ANSPRACHE ZUR ERÖFFNUNG DES ZWEITEN VATIKANISCHEN KONZILS, 11.10.1962

Aus päpstlichen Schreiben

In der täglichen Ausübung Unseres apostolischen Hirtenamtes geschieht es oft, dass Stimmen solcher Personen unser Ohr betrüben, die zwar von religiösem Eifer brennen, aber weder genügend Sinn für die rechte Beurteilung der Dinge noch ein kluges Urteil walten lassen. Sie meinen nämlich, in den heutigen Verhältnissen der menschlichen Gesellschaft nur Untergang und Unheil zu erkennen. Sie reden unablässig davon, dass unsere Zeit im Vergleich zur Vergangenheit zum Schlechteren abgeglitten sei. Sie benehmen sich so, als hätten sie nichts aus der Geschichte gelernt, die eine Lehrmeisterin des Lebens ist, und als sei in den Zeiten früherer Konzilien, was die christliche Lehre, die Sitten und die Freiheit der Kirche betrifft, alles sauber und recht zugegangen.
Wir aber sind völlig anderer Meinung als diese Unglückspropheten, die immer das Unheil voraussagen, als ob die Welt vor dem Untergang stünde. In der gegenwärtigen

Entwicklung der menschlichen Ereignisse, durch welche die Menschheit in eine Ordnung einzutreten scheint, muss man viel eher einen verborgenen Plan der göttlichen Vorsehung anerkennen. Dieser verfolgt mit dem Ablauf der Zeiten, durch die Werke der Menschen und meistens über ihre Erwartungen hinaus sein eigenes Ziel, und alles, auch die entgegengesetzten menschlichen Interessen, lenkt er weise zum Heil der Kirche.

AUS DER ANSPRACHE ZUR ERÖFFNUNG
DES ZWEITEN VATIKANISCHEN KONZILS, 11.10.1962

Man muss immer unterscheiden zwischen dem Irrtum und den Irrenden, auch wenn es sich um Menschen handelt, die im Irrtum oder in ungenügender Kenntnis über Dinge befangen sind, die mit religiös-sittlichen Werten zusammenhängen. Denn der dem Irrtum Verfallene hört nicht auf, Mensch zu sein, und verliert nie seine persönliche Würde, die doch immer geachtet werden muss.

ENZYKLIKA PACEM IN TERRIS, NR. 83

In der menschlichen Natur selbst ist das Bedürfnis angelegt, dass, wer produktive Arbeit tut, auch in der Lage sei, den Gang der Dinge mitzubestimmen und durch seine Arbeit zur Entfaltung seiner Persönlichkeit zu gelangen. Wenn darum in der Gütererzeugung eine Betriebsordnung gilt und Verfahren zur Anwendung kommen, die der Würde des arbeitenden Menschen zu nahe treten, sein Verantwortungsgefühl abstumpfen oder seine schöpferischen Kräfte lahmlegen, so widerspricht eine solche Art des Wirtschaftens doch wohl der Gerechtigkeit; das gilt selbst dann, wenn der Güterausstoß sehr hoch liegt und die Verteilung nach Recht und Billigkeit erfolgt.

ENZYKLIKA MATER ET MAGISTRA, NR. 82F.

Nach dem Willen des Schöpfers sind alle Güter an erster Stelle auf die menschenwürdige Versorgung aller hingeordnet.

ENZYKLIKA MATER ET MAGISTRA, NR. 119

Der Mensch hat auch das Recht und das Bedürfnis, von Zeit zu Zeit mit der Arbeit aufzuhören. Einmal, um sich körperlich von der harten Alltagsarbeit zu erholen und ehrbar zu entspannen. Er muss sich aber auch der Familiengemeinschaft widmen. Denn diese braucht den vertrauten Umgang und das frohe Zusammensein ihrer Glieder.

ENZYKLIKA MATER ET MAGISTRA, NR. 250

Wer sich von der christlichen Liebe leiten lässt, muss auch andere lieben; so empfindet er deren Nöte, Krankheiten und Freuden als seine eigenen. Sein Wirken, wo immer es geschieht, ist kraftvoll, ist froh, ist voller Menschlichkeit und bemüht um das Wohl der anderen. Denn »die Liebe ist langmütig, die Liebe ist freundlich und ohne Neid, die Liebe prahlt nicht und bläht sich nicht auf. Sie benimmt sich nicht anmaßend und sucht nicht ihren Vorteil; sie